DIESES BUCH GEHÖRT:

vorwort

Bis vor wenigen Jahren wusste ich gar nicht, wie viel Freude mir
das Reisen im rollenden, sechs Quadratmeter großen Wohnzimmer bereitet. Der Lockruf des Abenteuers und die Sehnsucht
nach dem unendlichen Gefühl der Freiheit behalten mich seither
nie lange zu Hause. Ganz gleich, ob ich meinen Alltag gegen einen
mehrwöchigen Roadtrip auf der anderen Seite der Erde, einen
Camping-Urlaub in den französischen Alpen oder einen Kurztrip
an den nahegelegenen See eingetauscht habe, nach langen Tagen
im Freien fühlte ich mich einfach glücklich und erfüllt.

Doch bis es endlich so weit ist, der Van eingeräumt und der
Schlüssel in das Zündschloss gesteckt wird, liegt meist eine
Mischung aus Aufregung, Vorfreude und Hektik in der Luft.
Gerade, weil nur begrenzt Stauraum, dafür aber viel Platz für
schöne Erinnerungen im Van zur Verfügung stehen, ist es umso
wichtiger, dass nur Dinge eingepackt werden, die man wirklich
braucht und die Freude bereiten. Angefangen bei der Kleidung bis
hin zu Küchenutensilien habe ich einige nützliche Listen erstellt,
die du ganz nach deinen Bedürfnissen erweitern und ergänzen
kannst. Im Journalteil des Buches kannst du dann deine Erinnerungen festhalten und die schönsten Reisemomente, mit Fotos
versehen, für immer verewigen.

vollmundig

www.vollmundig.org

Reduziert auf das Wesentliche und dennoch maximaler Komfort im Van – da dürfen diese praktischen Hilfsmittel nicht fehlen.

ALLTAG IM VAN

- ☐ Geschirrtücher
- ☐ Geschirrwanne
- ☐ biologisch abbaubares Spülmittel
- ☐ Seife
- ☐ Abwaschschwamm
- ☐ Müllsäcke
- ☐ Klapptisch & Campingstühle
- ☐ Wäscheleine
- ☐ Wäscheklammern
- ☐ biologisch abbaubares Waschmittel
- ☐ biologisch abbaubares Haarshampoo
- ☐ Dusch- & Gesichtshandtücher
- ☐ Bade- & Strandtuch
- ☐ Zahnbürste & Zahnpasta
- ☐ Erste-Hilfe-Set
- ☐ Sonnencreme
- ☐ Anti-Mückenspray
- ☐ Moskitonetze für die Fenster
- ☐ Handbesen & Kehrschaufel
- ☐ Wasserflaschen mit Trinkwasser
- ☐ Toilettenpapier
- ☐ Keile zum Unterlegen, um die Reifen zu begradigen
- ☐ kleine Reiseapotheke (Halschmerztabletten, Nasenspray, Schmerztabletten, Pflaster)
- ☐ Taschentücher

UNTERHALTUNG

- ☐ Bücher
- ☐ Karten- & Gesellschaftsspiele
- ☐ Kreuzworträtsel
- ☐ Yogamatte
- ☐ Taucherbrille & Schnorchel
- ☐ Hängematte
- ☐ Slackline

OUTDOOR

- ☐ Axt zum Holzhacken
- ☐ Holz
- ☐ Hammer
- ☐ Feuerzeug & Streichhölzer
- ☐ Taschenmesser

ELEKTRONIK

- ☐ Stirnlampe
- ☐ Taschenlampe
- ☐ kleiner Föhn
- ☐ 230-Volt-Trafo
- ☐ Adapter mit USB-Anschlüssen
- ☐ Powerbank
- ☐ Ladegeräte für Handy, Kamera & Co.
- ☐ Navigationsgeräte, Handy-App oder Offline-Karten
- ☐ App für Campingplätze
- ☐ App für die Tourenplanung

KÜCHENUTENSILIEN

- ☐ 1 Gaskocher mit Gasflasche
- ☐ 3 Töpfe mit Deckel
- ☐ 1 Pfanne
- ☐ 1 Nudelsieb
- ☐ 1 Schneidebrett
- ☐ 1 kleines, scharfes Messer
- ☐ 1 großes, scharfes Messer
- ☐ 1 Brotmesser
- ☐ 1 Dosenöffner
- ☐ 1 Korkenzieher
- ☐ 1 kleine Reibe
- ☐ 1 Gemüsehobel
- ☐ 1 Holzkochlöffel
- ☐ 1 Pfannenwender
- ☐ 1 Schneebesen
- ☐ 1 Kartoffelstampfer
- ☐ 1 Schöpfkelle
- ☐ 1 Schere
- ☐ 1 Messbecher
- ☐ 1 Küchenwaage
- ☐ 4 große Teller
- ☐ 4 kleine Teller
- ☐ 4 kleine Schüsseln für Salat & Frühstück

- ☐ 1 große Schüssel
- ☐ 4 Gabeln
- ☐ 4 Esslöffel
- ☐ 4 Messer
- ☐ 4 Teelöffel
- ☐ 1 kleiner Wasserkessel
- ☐ 1 Kaffeemaschine – Frenchpress, Espressokocher oder Filterkanne
- ☐ Einmachgläser zur Aufbewahrung
- ☐ 2 Brotboxen für Ausflüge
- ☐ Alufolie oder Bienenwachstücher
- ☐ wiederverwendbare Plastiktüten mit Zip-Verschluss
- ☐ 1 Stofftasche zur Aufbewahrung von Brot
- ☐ Gummibänder
- ☐ Kochbuch: Van Life Kitchen

VORRATSSCHRANK

- ☐ Haferflocken, Cornflakes & Co.
- ☐ Marmelade, Honig
- ☐ Nüsse, Samen & Trockenfrüchte
- ☐ Nudeln, Reis & Co.
- ☐ Gewürze, Salz & Pfeffer
- ☐ Essig & Öl
- ☐ Tomatensauce, Pesto
- ☐ Kaffee & Tee

Jeder Tag im Van ist einzigartig. Um das Abenteuer in vollen Zügen genießen zu können, bedarf es einiger weniger Dinge, die auf keinen Fall fehlen dürfen.

BEKLEIDUNG

- ☐ Unterwäsche & Socken
- ☐ Tops, T-Shirts & Pullover
- ☐ Shorts & Hosen
- ☐ Sportsachen & Outdoor-Bekleidung
- ☐ Badesachen
- ☐ Wollmütze, Handschuhe & warme Jacke
- ☐ Regenjacke
- ☐ _____
- ☐ _____
- ☐ _____
- ☐ _____
- ☐ _____
- ☐ _____
- ☐ _____
- ☐ _____
- ☐ _____
- ☐ _____
- ☐ _____
- ☐ _____
- ☐ _____

DOKUMENTE

- ☐ Reisepass
- ☐ Führerschein
- ☐ Geldbeutel
- ☐ Bargeld
- ☐ _____
- ☐ _____
- ☐ _____
- ☐ _____
- ☐ _____

GERÄTE

- ☐ Handy & Ladegerät
- ☐ Kopfhörer
- ☐ Kamera
- ☐ Speicherkarten
- ☐ Akku-Ladegerät
- ☐ Stativ
- ☐ Notebook & Ladegerät
- ☐ _____
- ☐ _____
- ☐ _____

1. Der Weg ist das Ziel. Es geht nicht darum, schnell voran-
zukommen, sondern darum zu entschleunigen und das
Abenteuer in vollen Zügen zu genießen.

2. Spontan sein. Plane deine grobe Reiseroute vorab, entscheide
aber spontan, wie lange du an welchem Ort bleiben möchtest.
So kannst du länger verweilen, wo es dir gut gefällt.

3. Wetter checken. Informiere dich vorab über die Wettersitua-
tion. Es regnet? Kein Problem, du bist ja spontan und kannst
deine Route dem Wetter entsprechend anpassen. Vielleicht
lohnt es sich, noch eine Nacht zu bleiben oder einen weiteren
Zwischenstopp einzulegen.

4. Plane bei der Routenplanung lieber ein bisschen mehr Zeit
ein, als vom Navi empfohlen wird. Vielleicht findest du
unterwegs ja noch einen schönen Ort, an dem du einen
Zwischenstopp einlegen möchtest?

5. Mach dich vor der Abreise mit den Straßenregeln und
Geschwindigkeitsbegrenzungen der Reiseländer vertraut.

6. Rechtzeitig einen Stellplatz für die Nacht finden. Woran oftmals nicht gedacht wird: Campingplätze haben Öffnungszeiten. In Europa ist Camping in freier Natur in den meisten Ländern nicht erlaubt. Vereinzelt gibt es Stellplätze zum Übernachten, nicht aber zum Campen. Hier gilt es, sich vorab zu informieren.

7. Tankstellen-Check: Je nach Reiseziel kann es sein, dass mehrere 100 Kilometer kein Treibstoff angeboten wird.

8. Bevor die Reise weitergeht: Überprüfe, ob alle Gegenstände im Van sicher verstaut und eingepackt sind.

9. Ordnung im Van ist das halbe Leben. Gerade wenn man für mehrere Wochen unterwegs ist, ist ein ausgeklügeltes System zum Verstauen und Aufbewahren von Kleidung, Küchenutensilien und Unterhaltungsequipment hilfreich. Und kann durchaus zeitsparend sein.

10. Stell dir vor, dein Van ist wie ein zweites Wohnzimmer. Mach es dir mit Kissen und kleinen Accessoires gemütlich.

11. Vor der Abreise: Erstelle eine Playlist, die allen Abenteurern im Bus gefällt. Das sorgt für ausgelassene Stimmung.

12. Auf langen Wegstrecken sind Podcasts eine gute Abwechslung zur Musik und helfen gegen Langeweile und Ermüdung.

13. Auf Märkten kann man Regionales einkaufen und kulinarisch etwas Neues ausprobieren. Zwar wird beim Campen hauptsächlich selbst gekocht, doch mit landestypischen Zutaten ergeben sich schnell ganz neue Gerichte. Zum Beispiel Nudeln mit einem Pesto vom Wochenmarkt, statt der Tomatensauce aus dem Supermarkt. Oder ein Stück regionaler Käse.

14. Die Ausflugsziele in zwei Listen aufteilen: „möchten wir unbedingt machen" und „möchten wir machen, wenn wir noch Zeit haben".

15. Verschnaufpausen gönnen. Obwohl die Flexibilität auf einem Roadtrip dazu einlädt, jeden Tag an einem anderen Ort zu übernachten, kann es auf Dauer ganz schön anstrengend sein. Zur Erholung lohnt es sich, zwischendurch mehrere Tage am Stück auf einem Campingplatz zu bleiben.

16. Arbeitsteilung: Kleine Routinen helfen dabei, Handgriffe im Van zu automatisieren und Zeitfresser zu eliminieren.

17. Abendliches Naturspektakel: Im Leuchten des Sonnenuntergangs zu Abend essen und den Nachtisch unter den immer heller werdenden Sternen genießen.

18. Den Van packen und an eine kleine Bucht fahren, anstatt am überlaufenen Hauptstrand zu baden.

19. Sich bei den Locals über Wanderrouten und Ausflugsziele informieren.

20. Nicht immer an die gleichen Orte und Campingplätze fahren. Bewusst einfach mal die Himmelsrichtung ändern, um neue Länder und Kulturen zu entdecken.

MEINE REISEZIELE

◉ _____ ◉ _____

◉ _____ ◉ _____

◉ _____ ◉ _____

◉ _____ ◉ _____

◉ _____ ◉ _____

◉ _____ ◉ _____

◉ _____ ◉ _____

◉ _____ ◉ _____

◉ _____ ◉ _____

◉ _____ ◉ _____

◉ _____ ◉ _____

◉ _____ ◉ _____

◉ _____ ◉ _____

◉ _____ ◉ _____

◉ _____ ◉ _____

◉ _____ ◉ _____

◉ _____ ◉ _____

◉ _____ ◉ _____

MEINE REISEZIELE

⊙ _____ ⊙ _____

⊙ _____ ⊙ _____

⊙ _____ ⊙ _____

⊙ _____ ⊙ _____

⊙ _____ ⊙ _____

⊙ _____ ⊙ _____

⊙ _____ ⊙ _____

⊙ _____ ⊙ _____

⊙ _____ ⊙ _____

⊙ _____ ⊙ _____

⊙ _____ ⊙ _____

⊙ _____ ⊙ _____

⊙ _____ ⊙ _____

⊙ _____ ⊙ _____

⊙ _____ ⊙ _____

A JOURNEY OF A THOUSAND MILES
MUST BEGIN WITH A SINGLE STEP.

– Lao Tzu –

Markiere deine Reiseziele/-route

TO-DO-LISTEN

ort	
Das möchten wir unbedingt machen	
Das machen wir, wenn wir noch Zeit haben	
Das möchten wir beim nächsten Mal machen	
Das hat uns besonders gut gefallen	

TO-DO-LISTEN

ort	
Das möchten wir unbedingt machen	
Das machen wir, wenn wir noch Zeit haben	
Das möchten wir beim nächsten Mal machen	
Das hat uns besonders gut gefallen	

TO-DO-LISTEN

Ort	
Das möchten wir unbedingt machen	
Das machen wir, wenn wir noch Zeit haben	
Das möchten wir beim nächsten Mal machen	
Das hat uns besonders gut gefallen	

TO-DO-LISTEN

ort	
Das möchten wir unbedingt machen	
Das machen wir, wenn wir noch Zeit haben	
Das möchten wir beim nächsten Mal machen	
Das hat uns besonders gut gefallen	

Poached Egg Sandwich

Kleine Cafés mit hippen Speisekarten findet man auf Roadtrips beinahe an jeder Straßenecke. Dort habe ich auch die Inspiration für dieses Poached Egg Sandwich gefunden.

ZUTATEN FÜR 2 BRÖTCHEN:

Handvoll Pflücksalat
(z. B. Rucola, Feldsalat)
2 Brötchen (z. B. Ciabatta)
4 EL Frischkäse
2 Eier (Größe M)
Salz
Knoblauchpulver
Chiliflocken (optional)
2 kleine Zweige frischer
Thymian

Den Pflücksalat waschen und trocken tupfen. Das Brötchen längs-, aber nicht ganz durchschneiden und vorsichtig aufklappen. Anschließend beide Seiten mit Frischkäse bestreichen und mit Pflücksalat belegen.

Das Ei pochieren. Dazu Wasser in einem Topf erhitzen. Kurz bevor es zu sprudeln beginnt, die Hitze reduzieren. Die Eierschale am Topfrand aufschlagen und das ganze Ei vorsichtig in das heiße Wasser gleiten lassen. Für etwa 2–3 Minuten pochieren. Anschließend mithilfe eines Schaumlöffels herausnehmen und in das vorbereitete Brötchen legen.

Abschließend mit etwas Salz, Knoblauchpulver, Chiliflocken und Thymian würzen. Vorsichtig zusammenklappen und genießen.

Tagliatelle mit Zitronen-Knoblauch Kichererbsen

Ein gemütliches Abendessen unter freiem Himmel – das ist Van Life pur. Und dieses unglaublich leckere Nudelgericht ist perfekt, um den Tag kulinarisch ausklingen zu lassen.

ZUTATEN FÜR 2 PERSONEN:

250 g Tagliatelle
Salz
1 Dose Kichererbsen
(ca. 240 g Abtropfgewicht)
100 g Kirschtomaten
2 Knoblauchzehen
1 Zitrone
2 EL Olivenöl zum Braten
1 EL Ahornsirup
Pfeffer
¼ Bund Basilikum oder
2 TL getrockneter Basilikum
2 TL Sesam

In einem Topf ausreichend Salzwasser aufkochen, die Tagliatelle hineingeben und nach Packungsanleitung garen.

Zwischenzeitlich die Kichererbsen abgießen, abspülen und abtropfen lassen. Die Kirschtomaten putzen und waschen. Den Knoblauch schälen und fein hacken. Die Zitrone auspressen.

Das Olivenöl in einer Pfanne erhitzen. Ahornsirup, ¼ TL Salz und 1 Prise Pfeffer hinzugeben. Nach etwa ½ Minute mit dem Zitronensaft ablöschen. Dann 25 ml Wasser, Tomaten und Kichererbsen hinzufügen und ca. 10 Minuten andünsten.

Die Tagliatelle in ein Sieb abgießen und gut abtropfen lassen. Basilikum waschen und die Blättchen abzupfen. Dann die Nudeln gemeinsam mit den Basilikumblättchen zu den Tomaten hinzufügen und noch 2 Minuten weiterdünsten. Zum Schluss mit Salz und Pfeffer abschmecken, etwas Sesam darüberstreuen und servieren.

Van Life Frühstücks-Bowl

Den Tag beginnt man am besten mit einem nährstoffreichen Frühstück. Diese Bowl ist dafür perfekt und kann ganz nach Reiseland auch mit selbstgepflückten Beeren bestückt werden.

ZUTATEN FÜR 2 PERSONEN:

3 EL Mandelkerne, gehackt
2 EL Hanfsamen
2 EL Chiasamen
3 EL Kokoschips
250 ml Mandelmilch
1 EL Ahornsirup

1 Handvoll Heidelbeeren
1 Handvoll Himbeeren
2 EL Tahin (Sesammus)
2 EL Kokoschips
2 EL Mandelkerne, gehackt
4 EL Joghurt (z. B. Naturjoghurt oder Kokosjoghurt)
2 EL Marmelade
2 EL Ahornsirup

Für das Müsli die trockenen Zutaten in eine Schüssel geben. Die Mandelmilch und den Ahornsirup einrühren. Für 15 Minuten (oder über Nacht) beiseitestellen.

Anschließend das Müsli auf zwei Schüsseln aufteilen. Die Beeren waschen und gemeinsam mit den anderen Toppings auf das Müsli geben. Den Joghurt mit etwas Ahornsirup beträufeln.

EIGENE REZEPTE

REZEPTTITEL:

HIER HABE ICH DIESES REZEPT GEKOCHT:

PORTIONEN:

ZUTATEN:

ZUBEREITUNG:

EIGENE REZEPTE

REZEPTTITEL:

_____

_____

_____

HIER HABE ICH DIESES REZEPT GEKOCHT:

_____

_____

PORTIONEN:

_____

ZUTATEN:

_____

_____

_____

_____

_____

_____

_____

_____

_____

_____

_____

ZUBEREITUNG:

_____

_____

_____

_____

_____

_____

_____

_____

_____

_____

_____

_____

_____

EIGENE REZEPTE

REZEPTTITEL:

HIER HABE ICH DIESES REZEPT GEKOCHT:

PORTIONEN:

ZUTATEN:

ZUBEREITUNG:

EIGENE REZEPTE

REZEPTTITEL:

HIER HABE ICH DIESES REZEPT GEKOCHT:

PORTIONEN:

ZUTATEN:

ZUBEREITUNG:

DIE STILLE, DIE WEITE, DAS NICHTS.
VON DER SONNE GEKÜSST, VON DER
LANDSCHAFT VERZAUBERT.

ORT: _____ DATUM: _____

TIME IS PASSING BY SO FAST
WHEN YOU ARE HAVING A
GREAT TIME ON THE ROAD.

ORT: _____ DATUM: _____

ORT: _____ DATUM: _____

ADVENTURE AWAITS,
GO FIND IT.

ORT: _____   DATUM: _____

ORT: _____ DATUM: _____

EINFACH MAL LOSFAHREN UND DEN
ALLTAG GEGEN DAS ABENTEUER AUF
VIER RÄDERN TAUSCHEN.

ORT: _____ DATUM: _____

LIFE WAS MEANT FOR
GOOD FRIENDS AND
GREAT ADVENTURES.

ORT: _____ DATUM: _____

UNENDLICH LANGE KÜSTENSTRAßEN.
UNENDLICH VIEL ZEIT, UM SCHÖNE
ERINNERUNGEN ZU SAMMELN.

ALWAYS TAKE THE
SCENIC ROUTE.

SPONTANEITY IS THE BEST
KIND OF ADVENTURE.

THE BIGGEST
PERKS OF VANLIFE?
SLEEPING OUTDOORS.

ORT: _____ DATUM: _____

_____

_____

_____

_____

_____

_____

_____

_____

_____

_____

_____

_____

_____

_____

_____

_____

_____

_____

_____

_____

_____

_____

_____

_____

_____

MAN REIST JA NICHT, UM ANZUKOMMEN, SONDERN UM ZU REISEN.

– Johann Wolfgang von Goethe –

ORT: _____ DATUM: _____

ORT: _____   DATUM: _____

ORT: _____ DATUM: _____

SOME DAYS ON THE
ROAD ARE JUST MORE
MAGICAL THAN OTHERS.

ORT: _____ DATUM: _____

MEINE SCHÖNSTEN ERLEBNISSE

ORT: DATUM:

ORT: ORT:
DATUM: DATUM:

PLATZ FÜR FOTOS

MEINE SCHÖNSTEN ERLEBNISSE

ORT: DATUM:

ORT: DATUM:

PLATZ FÜR FOTOS

MEINE SCHÖNSTEN ERLEBNISSE

ORT:
DATUM:

ORT:
DATUM:

ORT:

DATUM:

PLATZ FÜR FOTOS

MEINE SCHÖNSTEN ERLEBNISSE

ORT: DATUM:

ORT:
DATUM:

ORT:
DATUM:

ADRESSEN UND KONTAKTE

Name:

Adresse:

E-Mail:

Telefonnummer:

Name:

Adresse:

E-Mail:

Telefonnummer:

Name:

Adresse:

E-Mail:

Telefonnummer:

Name:

Adresse:

E-Mail:

Telefonnummer:

Name:

Adresse:

E-Mail:

Telefonnummer:

Name:

Adresse:

E-Mail:

Telefonnummer:

ADRESSEN UND KONTAKTE

Name:

Adresse:

E-Mail:

Telefonnummer:

Name:

Adresse:

E-Mail:

Telefonnummer:

Name:

Adresse:

E-Mail:

Telefonnummer:

Name:

Adresse:

E-Mail:

Telefonnummer:

Name:

Adresse:

E-Mail:

Telefonnummer:

Name:

Adresse:

E-Mail:

Telefonnummer:

ADRESSEN
CAMPINGPLÄTZE

Name:

Adresse:

Name:

Adresse:

Name:

Adresse:

Name:

Adresse:

Name:

Adresse:

Name:

Adresse:

ADRESSEN
CAMPINGPLÄTZE

Name:

Adresse:

Name:

Adresse:

Name:

Adresse:

Name:

Adresse:

Name:

Adresse:

Name:

Adresse:

IMPRESSUM

Bibliografische Information der Deutschen Bibliothek.

Die Deutsche Bibliothek verzeichnet diese Publikation in der Deutschen Nationalbibliografie.
Detaillierte bibliografische Daten sind im Internet über http://www.dnb.de/abrufbar.

Bei der Verwendung im Unterricht ist auf dieses Buch hinzuweisen.

EIN BUCH DER EDITION MICHAEL FISCHER

2. Auflage 2022

© 2021 Edition Michael Fischer GmbH, Donnersbergstr. 7, 86859 Igling

Cover, Layout und Satz: Anna-Maria Köperl
Redaktion und Lektorat: Judith Wiedemann
Bilder, Texte und Rezepte: © Jessica Lerchenmüller
Bildnachweis: S.1: Neuseeland; S. 32: Neuseeland; S. 39: Australien, Torquey Beach; S. 45,
54: Australien, Byron Bay; S. 65: Südtirol, Pragser Wildsee; S. 74: Australien, Great Ocean Road;
S. 84: Frankreich, Provence; S. 94: Frankreich, Menton; S. 105: Südtirol, Lana; S. 114: Neuseeland;
S. 125: Südtirol, Sellaronda
Illustrationen: Komleva/Shutterstock (Van), Pyty/Shutterstock (Landkarte), kknstudio/
Shutterstock (Coverhintergrund), nendra wahyu kuncoro/Shutterstock (Wegweiser)

ISBN 978-3-7459-0329-4

Gedruckt bei C&C Offset Printing Co., LTD., 14/F, C&C Building, 36 Ting Lai Road, Tai Po,
N. T. Hong Kong

www.emf-verlag.de